JN023388

情報システム超入門

Introduction to Information Systems

小佐野市男
Ichio Osano

幻冬舎MC

情報システム超入門

Introduction to Information Systems

はじめに

　「スマートフォン」（以下「スマホ」と言う）を使っている人が多いですね。スマホが使えるのは、目に見えないけれども、背後で「情報システム」や無線通信が働いているからです。

　「ロボット」の話もよく聞きますね。例えば会場の入り口で"いらっしゃいませ！"と言って動くロボット、モノを運ぶロボット、工場で機械を監視しているロボットなどもありますね。ロボットの中には「情報システム」があり稼働しています。ロボットの動きは「情報システム」の中のプログラムが決めているのです。パソコンやスマホを使って、インターネット上の住所（URL）を指定し、つないでゲームを楽しんでいる人もいます。自分の近くにはゲーム機がなくてもゲームを楽しめるのは、背後に「情報システム」が働いているからなのです。

　なぜ「情報システム」があればいろいろなことができるのか。それは「情報システム」のなかに動作を指定するプログラムが入っているからです。動作の手順や内容を決めるのはプログラムなんです。このプログラムを作ることを「プログラミ

ング」と言っています。作るのは人間です。令和2年度から小学校でもプログラムをつくる『プログラミング』授業が始まりました。プログラミングができれば、ロボットの動きを指定することができるようになります。

　本書は「情報システム」を企画し、開発し、使い、うまく管理し、いろいろな目的を達成するための手法を説明します。

　手法は、経済産業省のガイドライン**「システム管理基準」**に記載されています。本書ではこのガイドラインに沿って説明します。「システム管理基準」については第2章で解説しています。

情報システム超入門　目次

はじめに 2

| 第1章 | まず知っておこう .... 6 |

情報システムとは／情報システムの仕組み／情報システムと
パソコンの関係／情報システムのリスク

| 第2章 | システムをどのように企画するの？ .... 14 |

企画とは／システム管理基準／情報システムを作る手順／プ
ロジェクト計画／プロジェクト計画の策定と管理／プロジェ
クトマネージャーについて／要件定義／調達／調達とプロ
ジェクト計画の関係性

| 第3章 | 開発フェーズ .... 30 |

開発フェーズとは／開発ルール／プロジェクト標準／基本設
計／詳細設計／実装／システムテストの重要性／システムの
移行／品質管理／アジャイル開発

| 第4章 | 運用・利用フェーズ .... 42 |

運用・利用フェーズとは／運用管理ルール／運用業務の優先
度／情報セキュリティ管理／サイバー攻撃／アクセス管理／
データ管理／ログ管理／構成管理／ファシリティ管理／ハー
ドウェア管理／ネットワーク管理／サービスレベル管理／イ
ンシデント管理／問題管理／変更管理／リリース管理／サー
ビスデスク管理

| 第5章 | 事業の継続 .... 70 |

事業継続とは／リスクアセスメント／事業継続計画と業務継
続計画の違い／業務継続計画の具体例／システム復旧計画の
管理／計画の見直しの管理

| 第6章 | 人的資源ってなに？ | 80 |

人的資源管理／責任と権限／業務遂行の管理／教育・訓練の
管理／健康管理

| 第7章 | 文書のうまい扱い方 | 90 |

ドキュメントとは／ドキュメントの作成／ドキュメント管理／
ドキュメント管理ルール

| 第8章 | 情報システムの活用法 | 98 |

IT ガバナンス／会社の価値を高めるための実施事項／情報シ
ステム戦略と投資／情報システムの資源／情報資産と外部資
源の活用／人的資源の活用／コンプライアンス／情報セキュ
リティ／リスクマネジメント／事業継続／災害発生時の対策

| 第9章 | 外部サービス管理 | 122 |

外部サービス管理とは／外部サービス利用計画／委託先選定
基準／契約と管理／サービスレベル管理

| 付　録 | プログラミングと人工知能（AI） | 132 |

プログラミングとは／身につく力／人工知能（AI）とは／AI
にできること

| 参考文献 | | 135 |

まず知っておこう

私たちの行動や判断のよりどころとなるデータ、知識、経験などを「情報」と言います。この情報を取り込んで処理し、人間が活用しやすいように処理するのが「情報システム」です。本章では、情報システムを理解するために必要な基本的なことを説明します。

この章で学べること

①「情報」、「情報システム」、「パソコンと情報システムの関係」などの情報システムを理解するために必要な基本的なこと。

②「情報システム」を使用する組織が、「情報システム」の危険性（リスク）を自己診断するために必要な基礎的なこと。

第1章 まず知っておこう

情報システムとはなにか、役割と仕組み、パソコンを使った
情報システムの危険なこと（リスク）などについて説明します。

Q1. 情報システムって、よく聞くけど、具体
　　的にはなに？　情報との違いは？

A1. 情報を必要なときに、わかりやすく
　　伝えることができる仕組みを情報シ
　　ステムと言うよ。パソコンやインター
　　ネットを使うことが多いね。情報と
　　は、以下のことを言うよ。

情報とは

①ものごとの内容や事情についてのお知らせ
②知識を与え、判断を助けるもの
③文字・数字・映像等により表現されるもの

解説

情報システムの役割は、いろいろな情報（データ・文書・雑誌・人のノウハウな
ど）を集めて処理し、処理結果を必要な人に知らせる役割を持っています。

情報システムの役割

結果を必要な
人に知らせる

情報システム

情報を
集めて処理

いろいろな情報

（データ・文書・雑誌・
人のノウハウなど）

Q2. 情報システムの仕組みは
どうなっているの？

A2. 会社などの業務に必要なデータや情
報を収集、記録、利用するために必
要な仕組みは下図のようになるよ。

情報システムの仕組み

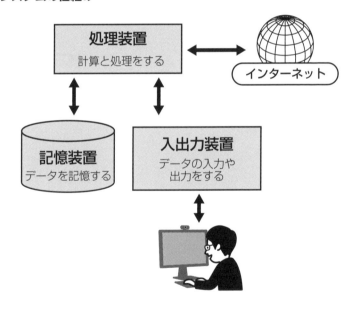

解説

システムは処理装置・記憶装置・入出力装置・ネットワークなどで構成されます。

Q3. パソコン（PC）も情報システムなの？

A3. パソコンも情報システムだよ！

解説

パソコン（PC：Personal Computer）はいろいろな機能（はたらき）を持っています。システムにデータを入れたり、出したりする機能、計算する機能、データを記録する機能などです。また、パソコンをインターネットにつなげば、広い範囲で利用できる情報システムとなり、情報システムを安全に使うには、技術（IT）、制度、ルールも必要になります。

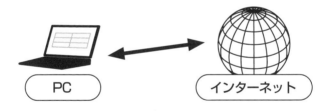

PC　　　　　インターネット

パソコンでできる情報システム

①システムにデータを入れたり、出したりする機能
②計算する機能
③データを記録する機能
④インターネットにつないで通信する機能

Q4.情報システムに危険なことはないの？

A4.危険なことを「リスク」と言って、いろんなリスクがあるよ。

解説

情報システムのリスクには、いろいろあります。システムの停止や誤動作、データの紛失などにより、企業や個人が損失を被ることを言います。

リスクの具体例

①情報システムの停止や誤作動、顧客データの紛失など、組織や個人が損失を被るリスク

②コンピュータウイルスに感染し、重要な情報が消去されたり、不正アクセスにより顧客情報が流出したりするリスク

③会社で使用している情報システムがダウンすれば、会社の業務に支障を来すとともに、お客様にも迷惑をかけるというリスク

Q5. リスクによる損害を防ぐために
なにかやっているの？

A5. 情報システムに危険なところがない
かチェックしているよ。
危険なところがないかチェックする
時には、「情報セキュリティ管理基
準」（経済産業省版）を参考にするよ。

第**2**章

システムを
どのように企画するの？

ここでは「情報システム」を開発・導入し、活用するために考慮すべきこと、解決すべき課題、利用者の要望、開発すべき機能などを最初の段階で明らかにし、役に立つ情報システムにするために実施すべきことを説明します。経済産業省の「システム管理基準」に、標準的な実施事項が記載されているので、それに準拠して説明します。

この章で学べること

①企画と計画との違い

②「システム管理基準」

③プロジェクト計画の策定と管理

④要件定義

⑤調達(調達管理)

役に立つ「情報システム」とするために考慮すべき事項（情報システムを作る手順、開発体制〈プロジェクト〉）、社長の意思決定を支援する「プロジェクト運営委員会」、プロジェクトを管理するプロジェクトマネージャーの実施事項などを説明します。

Q1. 企画ってなに？　なぜ企画するの？

A1. 情報システムを、どのように作って利用するかという案を練ることを企画と言うよ。なぜ企画するのか、どのように企画するのかについては、「システム管理基準」に詳しく書いてあるよ。

Q2. システム管理基準ってなに？

A2. 情報システムを管理するときの判断のよりどころをまとめたものだよ。

解説

システムの企画から、開発、運用・利用、外部サービス管理、事業継続管理をどのようにするのかについて説明しています。

第1章

第2章

第3章

第4章

第5章

第6章

第7章

第8章

第9章

付録

システム管理基準
（経済産業省のガイドライン）

ねらい

第1に、大企業のみならず中小企業においても情報システム化戦略、情報システム化実践に関わる適切な自己診断及び監査実践を可能にすること。

第2に、情報システムにまつわるリスクを適切にコントロールしつつ、これまで以上にITガバナンス(P.100参照)の実現に貢献すること。

参照：経済産業省「システム管理基準」前文

Q3. システム管理基準の中の、企画の段階（企画フェーズ）ではなにをするの？

A3. 実施することはプロジェクト計画と管理、要件定義の管理、調達の管理の3つだよ。

17

Q4. 情報システムを作る手順は？

A4. 手順は次のようになるよ！

情報システムの作成手順

①開発するチーム（プロジェクト）を作る。
②完成までの計画（プロジェクト計画）を作る。
③開発する機能（実装〈P.37参照〉機能）を決める。
④開発に必要な資源（ソフトウェア、ハードウェア、ネットワーク、人〈担当者〉）を準備する。

Q5. プロジェクト計画ってなに？
どうして必要なの？

A5. プロジェクトの目標を定めて、これを実現するために必要な活動を計画することだよ。計画はプロジェクトを成功させるために作るんだ！

解説

プロジェクト計画は、情報システムの目的を達成し、利害関係のニーズが満たされるシステムにするために作ります。

Q6. プロジェクト計画には具体的に
どんなことを定めるの？

A6. 目的、システム化する業務、体制（開
発、運用・保守、利用部門など）、
開発の開始から製品納入までのスケ
ジュール、予算、期待される効果な
どを定めるよ。

プロジェクト計画で定める項目

①プロジェクトの目的
②対象業務
③体制(開発部門、運用・保守部門、利用部門)
④スケジュール(開始から完成品の納入〈リリース〉まで)
⑤予算(投資額)
⑥期待される効果

第1章
第2章
第3章
第4章
第5章
第6章
第7章
第8章
第9章
付録

Q7. 情報システムにどんな機能を
盛り込むかは誰が決めるの？

A7. プロジェクトマネージャー（PM)の
役割だよ。

解説

PM は以下のことを決めます。

①システムに盛り込む機能を定めて「要件定義書」に記載します。

②機能に漏れがないようにするため、システムの開発部門の人ばかりではなく、
利用部門、運用・保守部門の人もプロジェクトに参加させます。

Q8. 情報システムはどんな体制で作るの？

A8. 次のような方法で行うよ。

情報システムを作る体制

①情報システムの専門家（部門長等)をおく。

②プロジェクト運営委員会（意思決定機関)を作る。

③利害関係者の要望（ニーズ)がプロジェクトに確実に反映されるように、
プロジェクトメンバーを選定する。

Q9. 社長は何をしているの？

A9. 開発プロジェクトの方針を作成したり、重要なことを決定しているよ。

Q10. 社長の意思決定を
支援する仕組みはあるの？

A10. 支援する仕組みは以下のとおりだよ。

①「プロジェクト運営委員会」を作る。
②委員会のメンバーは利害関係者のニーズを
　確実に把握できる人を選ぶ。

その結果、利害関係者のニーズがプロジェクト
の運営に反映され、役に立つシステムができる。

Q11. プロジェクト運営委員会は
なにをしているの？

A11. 管理する役割を持つプロジェクト
マネージャー(PM)を指名するよ。

Q12. プロジェクト計画の管理について、
システム管理基準ではどのように
定めているの？

A12. 以下のように定めているよ。

プロジェクト計画の管理

経営陣は、プロジェクト運営委員会を設置すること。

＜主旨＞
経営陣は、プロジェクト運営委員会に、プロジェクトの開始、計画変更、終了、及び重要事項にかかる意思決定に責任を持たせるために、権限を委譲する必要がある。
経営陣は、利害関係者のニーズが確実にプロジェクトに反映されるようにプロジェクト運営委員を選定する必要がある。

参照：経済産業省「システム管理基準」 Ⅱ. 企画フェーズ

Q13. PM はなにをするの？
どんな能力のある人がなれるの？

A13. 次のようなスキルを活かして、
プロジェクト計画を作るよ。

解説

PM になる人には、いろいろな知識や経験が求められます。

・プロジェクトの対象となる業務を知っている人
・プロジェクト管理に関する知識・経験を持っている人
・プロジェクト管理に関する資格の取得など、継続的にスキル向上に取り組んでいる人

Q14. プロジェクト管理ってなに？
誰がどんなことを管理するの？

A14. プロジェクトの目的、目標を問題なく達成するために、やるべきこと、やってはいけないことなどを管理するんだ。PM が実施して、以下のことを管理しているよ。

解説

・プロジェクトの進捗管理を円滑に進めるため、進捗管理手法を明らかにしておく。
・プロジェクトの進捗管理を継続的に実施する。
・プロジェクトのリスクを管理する。
・プロジェクト運営委員会と情報共有しながら管理する。

Q15. 要件定義ってなに？

A15. システム開発において、開発すべき機能や満たすべき要求事項のことを言うよ。

解説

要件定義を記録した書類を「要件定義書」と言います。下記のような記載事項になります。
①システムで扱う業務要件
②システム要件・機能・非機能（信頼性など）

Q16. この段階ではPMはなにをやっているの？

A16. システム開発において、手戻りが発生しないように、次のことを実施しているよ。

解説

手戻りとは、作業工程の途中で問題が発見され、前の段階に戻ってやり直すことを言います。

プロジェクトマネージャー（PM）の業務

①システム開発において開発する機能等に漏れがないように、作業内容を明確にする。

②記載内容がどのように変更されたかを追跡し、変更理由を分析する。

③利害関係者の要求を収集・分析し、関係者と調整する。

④要求した利害関係者に、要求の必要性及び重要性を確認し、機能要件、非機能要件ごとに優先順位を付ける。

⑤「情報セキュリティ管理基準」を参考にした情報セキュリティに関する要件を定める。

Q17. この時、プロジェクト運営委員会はなにをしているの？

A17. PM が決定した優先順位付けの適切性を検証するよ。

解説

システムの要求を出した関係者に要求の必要性及び重要性を確認して、優先順位付けを行います。

①要件に対して定量的及び定性的な評価をしているか。

②評価尺度または根拠が明確になっているか。

③費用対効果が明らかになっているか。

Q18. 開発にあたって危険なこと（リスク）
はないの？

A18. 予めプロジェクトのリスクを洗い
出し、対策を検討しているよ。

プロジェクトのリスク管理と対策

①リスクの洗い出しについて利害関係者の協力を得る。
②機能、技術、品質、情報セキュリティなどの観点から「リスク一覧」
　を作成し、優先順位を付ける。
③リスクの高い順に、リスク対応策を検討する。

第1章
第2章
第3章
第4章
第5章
第6章
第7章
第8章
第9章
付録

Q19. 要件定義書を作成した後
どうするの？

A19. 適切性を確認しているよ。

適切性の判断ポイント

①全ての要件が利害関係者によって検証されているか。
②優先順位に利害関係者が合意しているか。
③プロジェクトのリスクと対策が適切であるか。
④システム開発によって影響を受ける業務を明らかにし、管理体制、
　諸規定などの見直しを実施しているか。

Q20. 調達って何？

A20. 調達とは、システムの実現に
必要となる資源を手に入れる
ことを言うよ。

解説

資源とはソフトウェア、ハードウェア、ネットワーク、人（システムの開発・
テスト・運用・保守などに携わる人）、サービス（クラウドサービスなど）など
があります。

Q21. 調達は誰がやるの？

A21. 調達は PM が実施しているよ。

解説

予め、プロジェクト運営委員会が PM に調達方法を明確にして調達業務を実施するよう指示しています。

プロジェクトマネージャー（PM）の実施事項

①要件定義書に基づき、調達の要求事項を明確にする。
②調達先を客観的に評価するための評価基準を定める。
③競争入札を行い、複数の調達先を比較し評価する。
④パッケージソフトを調達する場合は、禁止事項、付帯サービスの内容、バージョンアップ条件を確認する。

Q22. 調達とプロジェクト計画との関係は？

A22. PMは、プロジェクト計画及び要件定義書に基づいて調達の要求事項を作成しているよ。

Q23. 作成する際には具体的にはなにを考慮しているの？

A23. 調達の要求事項の作成にあたって考慮していることは次の４つだよ。

調達の要求事項作成にあたっての考慮事項

①組織の情報システム戦略から逸脱していないか。
②人的資源の調達には、求めるスキル、人数、期間を明確にしているか。
③資源が必要となる時期、予算を明確にしているか。
④プロジェクト運営委員会の承認を得ているか。

第 3 章

開発フェーズ

情報システムを開発するにあたって、管理する
立場のPMが実施すべき事項を説明します。

この章で学べること

① 開発フェーズで実施すること

② 開発ルール

③ プロジェクト標準

④ 基本設計書

⑤ 詳細設計書

⑥ 実装

⑦ システムテスト

⑧ ユーザー受入テスト

⑨ 品質管理

⑩ アジャイル開発

開発フェーズでは、事業者の業務の仕組みをシステム化します。この章では情報システムの開発に係ることについて説明します。

Q1. 開発フェーズってなに？

A1. 業務の仕組みをコンピュータシステム化する段階を開発フェーズと言っているよ。
コンピュータシステム化するためには、設計・プログラミング・テストなどの一連の作業が必要だよ！

Q2. 開発フェーズで管理者が管理することはなに？

A2. 開発フェーズで管理が必要なことには次の項目があるよ。

開発フェーズで管理が必要なこと

①開発ルールの策定と遵守　②基本設計　③詳細設計　④実装
⑤システムテスト　⑥ユーザー受入テスト　⑦移行
⑧プロジェクト管理　⑨品質管理

Q3. 開発ルールって、なぜ必要なの？

A3. システム開発業務を効率的に実施し、事故や不正を防止するためにルールが必要だよ。

ルールを守るべき人、部署には以下のような「開発ルール」に関係する者・組織、部署があります。

①プロジェクトマネージャー（PM）：プロジェクトの責任者
②開発担当者、開発を担当する組織：システム開発部署
③運用担当者、運用を担当する組織：システム運用部署

Q4. 開発ルールの管理でPMはなにをしているの？

A4. PMはプロジェクトの進め方をプロジェクト標準として定め、それに従って管理しているよ。

解説

プロジェクト標準には、作業に関するルール、成果物に関するルール、支援ツールなどを定めています。管理が適切であるかどうかを、プロジェクト運営委員会がチェックします。

Q5. プロジェクト標準ってなに？
　　　どんなことが書かれているの？

A5. プロジェクトの進め方をプロジェク
　　　ト標準として定めているよ。

プロジェクト標準の記載事項

①プロジェクト担当者が遵守すべき項目
②プログラムのコーディング標準
③システムの品質、コスト、進捗に関する測定指標
④他システムとの整合性を確保すること
⑤作業を外部へ委託する場合の管理事項
⑥情報セキュリティ確保のための留意事項

Q6. 基本設計ってなに？

A6. 開発するシステム設計についての基本的なことだよ。基本設計書に記載するよ。

基本設計の内容

①システム化する業務の流れ、システム化方針、開発機能
②基本設計の対象は、ハードウェア、ソフトウェア、アプリケーション、ネットワークなど
③業務の流れや利用するサービス

Q7. 基本設計書にはどんなことが書いてあるの？

A7. 業務の流れや、どうやってシステム化（実装）するのかなどが書かれているよ。

基本設計書

①システム化する業務の流れ　　②システムが充足すべき機能、性能
③システムの運用、保守方法　　④入出力画面、入出力帳票
⑤データベースの構成　　　　　⑥障害対策

Q8. 基本設計のあと、
なぜ詳細設計をするの？

A8. 基本設計で決められたシステムの機能をどのように実現するかを具体的にするためだよ。実現するための具体的事項を詳細設計書に記録するよ。

基本設計書 ➡ 詳細設計書

Q9. 詳細設計書には
なにが記録されているの？

A9. 次のことが記録されているよ。

詳細設計書の内容

①業務プロセス（利用者とシステムのやりとり）
②業務の手順、業務処理上のルール
③データの入出力方法、保管方法
④システムの冗長性、復旧・バックアップ方法
⑤ユーザーインターフェース
⑥情報セキュリティに関する事項
⑦テスト要件

Q10. 実装ってなに？

A10. 実装とはソフトウェア、ハードウェア、ネットワークなどの設定（ソフトウェア準備、配線など）を行うことだよ。

解説

例えばソフトウェアの実装とは、システムの処理手順をプログラムコードで記述し（プログラミング）、システムの運転を可能にすることです。

Q11. プログラミングのミスはどうやって発見するの？

A11. プログラムや実装された機能が、正しく稼働することを確認するため、テスト（単体テスト）を実施して発見するんだ。この後、システムテストを実施するよ。

解説

単体テストでは、開発したシステムを機能ごとに検証して不具合を分析します。その後行われるシステムテストとは、システム開発の最終段階で行われることが多く、実際に使用される状況と同じ設定でテストを行います。総合テストとも呼ばれています。

Q12. なぜシステムテストをするの？

A12. 本番運転前に不備を発見し
改善するためだよ。

Q13. どんなテストを実施するの？

A13. 結合テストと総合テストを
実施しているよ。

解説

テストは開発部門で実施します。結合テストとは複数のプログラムがあるシステムに、関連プログラムが連携して適切に動作するかを試験します。総合テストとは性能・運用・操作性など、システムが問題なく動作するかを検証します。

Q14. 情報システムを開発しているプロジェクトが順調に進んでいるか、確かめる方法はあるの？

A14. プロジェクト管理という手法があるよ。PMが管理しているよ。

Q15. なんのためにユーザー
受入テストをするの？

A15. システムを使うユーザーが、
支障なく使えるかどうかを
テストするよ。

解説

ユーザー受入テストの主な項目は以下のとおりです。

・業務フローに問題ないか
・現行システムとの処理結果の比較
・本番移行手順、移行が失敗した場合の復旧手順
・ユーザー及び運用担当者もテストに参加する
・テスト手法、進捗、結果、目標値との差

Q16. ユーザーとして新システムへの移行は
気になるね。どのように管理するの？

A16. 新システムへ円滑に移行するため
に、以下のことを実施するよ。

新システムへの移行管理

・情報システム部門及び外部サービス事業者の協力体制の構築
・移行対象（データ、ハードウェア、ソフトウェア、サービスなど）の変更手順
・移行に伴う新・旧のシステム環境
・運用・保守に必要なドキュメント、ツール
・移行作業におけるリスク及びその対策
・移行計画に係る情報セキュリティ管理対策

Q17. プロジェクト管理とは
どんなことをしているの？

A17. プロジェクトを成功させるため、
次のことを定めて管理しているよ。

プロジェクトの品質管理業務

①開発、運用で求められる品質目標を定める。
②品質を確保するために、予め全社的に共通の品質目標を定める。
③品質管理の有効性を高めるため、品質管理に係る責任と権限を明確にする。
④全社的に取組む必要があるため、品質維持・向上に関する活動を社内
　周知する。

Q18. 品質管理ってなに？

A18. 製品やサービスの品質を保証する
ため、企画・開発・製造・出荷など
の業務を管理することを言うよ。

Q19. 品質管理はだれがやるの？

A19. PM がやっているよ。

Q20. アジャイル開発って何？

A20. 変化に迅速かつ柔軟に対応するための開発手法なんだ。基本設計から移行までの手順によらずに、必要な段階で計画、実行、評価を繰り返して開発する手法だよ。

解説

これまで説明してきた開発は、基本設計、詳細設計、実装、システムテスト、ユーザー受入テスト、移行という手順で開発する方法で、ウォーターフォール型開発（従来型開発）と言います。

Q21. 緊急の変更も可能になるね。誰が責任を持つの？

A21. 共同責任で開発することになるね。ユーザーが利用しやすい情報システムを、効率的に開発し、有効に利用することが、アジャイル開発のねらいなんだ。

解説

システムの開発部門と利用部門、ビジネス部門が一体となったコミュニケーションを随時行える体制で開発します。

右側タブ：第1章 第2章 第3章 第4章 第5章 第6章 第7章 第8章 第9章 付録

第**4**章

運用・利用フェーズ

情報システム及びソフトウェア製品を運用・利用する利用部門及び利用者への支援を提供するフェーズです。

この章で学べること

①運用管理手順書による運用方法

②開発管理者及び情報システム部門長の実施事項

③運用部門と開発部門などの職務

④情報システムの運用を円滑に行うための活動

⑤情報システムの利用部門が主体となる活動

情報システム及びソフトウェア製品を所定の環境で運用して効果を上げる段階です。円滑に運用・利用するためには、運用管理ルール、年間運用計画、情報セキュリティ管理ルールなどを定めて管理する必要があります。また、インターネットを利用する情報システムの場合は、ネットワーク管理も実施する必要があります。

Q1.運用・利用フェーズってなに？
　　うまい使い方を教える人はいるの？

A1.情報システムやソフトウェア製品を
　　仕事で使う段階（フェーズ）を運用・
　　利用フェーズと言うよ。
　　うまい使い方を教える人はいるよ。
　　運用管理者と情報システム部門長だ
　　ね。

解説

・運用管理者：利用部門の人がうまく使えるように指導する役割を持っている管理者。

・情報システム部門長：情報システムのことに詳しい管理者。情報システムやソフトウェア製品をうまく使う方法、トラブル発生時の対応などを行います。

Q2. 運用管理ルールってなに？

A2. 情報システムの運用を円滑に行うためのルールだよ。システムの設計方針に合った使い方のルールを文書化したものだよ。

解説

運用管理ルールは、開発時に作成した運用設計方針に合わない運用を防止するため、システムに詳しい情報システム部門長の承認をもらっています。

運用管理ルールの作成に考慮すべきこと

運用管理者は、運用管理ルールを開発フェーズで作成した運用設計に基づいて作成すること。

＜主旨＞
運用管理ルールと運用設計の整合性を取り、運用を円滑かつ効率的に行うために、運用管理ルールを運用設計に基づいて作成する必要がある。

参照：経済産業省「システム管理基準」　V-1. 運用管理ルール

Q3. 情報システムの運用を円滑にするために、誰が何を管理しているの？

A3. 組織の運用管理者が情報システムをうまく利用するための管理をしているね。

運用管理者の実施事項

①年間運用計画の策定
②月次、週次、日次運用計画の策定
③運用管理ルールの遵守状況を確認
④ジョブスケジュールを業務処理の優先度を考慮して設定
⑤例外処理運用の実施
⑥オペレーション実施記録の作成、分析、保管
⑦利用部門の情報システム利用を支援

参照：経済産業省「システム管理基準」 V-2. 運用管理

Q4. 運用管理者が作っているジョブスケジュールってなに？

A4. 利用部門の要望（ニーズ）に合った運用をするため、業務の優先度を考慮して、処理のタイミングと順序を決めるよ。これをジョブスケジュールと言っているんだ。

Q5. 優先度はどうやって決めているの？

A5. 優先度は、業務の重要性・緊急性・機密性などを考慮して決めているよ。

解説

重要性とは業務で必須な業務処理、緊急性とは非常・緊急時の処理、機密性とは情報漏洩防止のための処理、という考え方です。

Q6. オペレーションの実施記録ってなに？なんのために記録するの？

A6. 情報システムを誰がどのように利用したかを記録したものだよ。不正使用を防止するためだよ。

解説

すでに作成した運用管理ルールにもとづいて、情報システムを正しく利用しているかを確認するために記録します。記録することで、不正使用を防止する効果もあります。

Q7. 情報セキュリティ管理ってなに？

A7. 情報システムを取り巻く、さまざまな脅威（システム攻撃など）から、情報資産（データや情報）を守るために管理することを言うよ。

Q8. 情報資産を守るためになにをすればいいの？

A8. 情報セキュリティ管理ルールの策定とアクセス管理（接続状況管理）を実施するよ。

Q9. 情報セキュリティ管理ルールってなに？

A9. 組織の資産、情報、データ、IT サービスの機密性、完全性、可用性を管理するルールを言うよ。

解説

可用性とは、システムが停止することなく稼働を続ける能力を意味し、稼働率に置き換えることができます。

情報セキュリティ管理ルール

運用管理者は、組織の情報セキュリティ方針に基づいて運用の情報セキュリティ管理ルールを作成し、遵守状況を確認すること。

〈主旨〉
情報処理設備及びシステムの正確かつセキュリティを保った運用を行うために、情報セキュリティ管理ルールを作成する必要がある。
情報セキュリティに関するリスクを管理するため、データを保護するため、サイバー攻撃への対策及び発覚後の対応策を整備し、適宜見直して有効性を保つ必要がある。

参照：経済産業省「システム管理基準」 V-3. 情報セキュリティ管理

Q10. サイバー攻撃ってなに？

A10. 情報システムに対して悪意をもった者が、不正な手段でシステムを停止させたり機密情報を盗んだりする攻撃を言うよ。

Q11. サイバー攻撃を防ぐために運用管理者はなにをしているの？

A11. 情報セキュリティを保った運用をするため、サイバー攻撃対策をしているよ。

サイバー攻撃対策の実施例

①情報システムの物理的・技術的・実務的な対策を作成し文書化する。
②作成にあたっては情報セキュリティの専門家に相談して作成する。
③関係者への周知・訓練を実施し、実際に攻撃された場合に被害を最小にする。

Q12. アクセス管理ってなに？
なぜ必要なの？

A12. サイバー攻撃を防止し、許可され
ていない端末などからの接続がで
きないようにするために管理する
ことだよ。

解説

運用管理者は次のことを実施します。

・情報システムのアクセス管理ルールを作成し情報システム部門長の承認を得
る。関係者に周知徹底する。
・運用要員の採用・異動・退職や職務変更の際は、迅速にアクセス権の設定・
変更・削除を行う。
・アクセス権の設定については定期的に見直しをする。
・高い権限をもつアクセス権（特権的アクセス権）の設定・変更・削除につい
ては厳格に実施する。

Q13. データの扱いはどうしているの？

A13. 接続制御（アクセスコントロール）とモニタリング（監視）をしているよ。

Q14. データ管理ってなに？なぜやっているの？

A14. データが盗まれたり、誤まって処理されたりしないようにする必要があるから管理するんだよ。

解説

情報システムでは、いろいろなデータを扱っています。例えば社員やお客様の個人情報、会社のノウハウなどの機密情報などです。これらのデータへの不正アクセスの防止、不正利用の防止、機密保護及び個人情報保護のために以下を実施しています。

- ・無資格者によるシステム利用の調査
- ・特定ファイルへの偏った利用、異常な時刻での利用の調査
- ・不正利用、不正アクセス検出時の対応手順の策定と周知
- ・業務内容、組織、基本ソフトウェア（OS）の変更時のアクセスコントロールの見直し

⇒アクセスコントロールの詳細は経済産業省の「情報セキュリティ管理基準」を参照

Q15. データ管理ってどんなことをしているの？

A15. データ管理のルールを
作成しているよ。

Q16. データ管理ルールって
なにを定めているの？

A16. データの誤処理防止、機密情報保
護、個人情報保護のために、次のよ
うな管理ルールを定めているよ！

データ管理ルール

①データの誤処理防止、機密保護及び個人情報保護のために、データ管
理ルールを明文化する必要がある
②データの知的財産権の管理
③データの完全性（インテグリティ）の維持
④データ利用状況の記録、分析
⑤データのバックアップ範囲、処理形態などの決定
⑥データの不正防止、機密保護対策の実施
⑦データの保管・複写及び廃棄に係る誤びゅう防止対策の実施
⑧データの入力管理ルールの作成、遵守状況の管理
⑨データの出力管理ルールの作成、遵守状況の管理
⑩データ管理に係る情報セキュリティ管理策の実施

参照：経済産業省「システム管理基準」　V-4. データ管理

Q17. データの知的財産権の管理ってなに？

A17. 特許権、実用新案権、利用権などの権利を守るために管理する必要があるんだ。

解説

具体的には次のことを実施します。

①知的財産権保護の対象とするデータを明確にする。

②関係者に知的財産権の教育を実施し認識を深める。

③外部から導入したデータの知的財産権を侵害していないか定期的に調査する。

Q18. データの完全性（インテグリティ）の維持ってなに？

A18. データが書き換えられたりしないよう、正確で完全なものを維持することを言うね。

解説

システムで実施する場合と人が実施する場合があります。

①データが正常であることを定期的に検証する。

②データを登録・更新する場合は正しく処理されたことを確認する。

③データに不具合が発生した場合の回復手段を用意しておく。

Q19. データのバックアップってなぜするの？

A19. データが書き換えられたり破壊されたりすることがあるから、データのコピーを取っておくんだ。

データの破壊例

・データを記録しているメモリ（記憶装置）、ハードディスク（記録媒体）などの障害。
・人間の誤操作、コンピュータウイルスの侵入などによってデータが書き換えられたり、破壊される。

Q20. データをバックアップするときの注意事項は？

A20. データの種類と範囲、バックアップ方法、タイミング、データを使用する業務内容、処理形態、リカバリー方法などを考慮して決定するよ。

解説

例1：メインメモリに記録されているデータを外付けのハードディスクにバックアップする。
例2：データの重要度に応じて、毎時間、毎日、毎週、書き換えの都度バックアップする。

Q21. データの誤びゅう防止、不正防止、
機密保護対策ってどうするの？

A21. データの保管、複写、廃棄の際に
必要になるよ。

解説

下記のような対策をとります。
・データの保管、複写、廃棄について、運用管理者が承認するルールに従って
　管理する。
・データを所定の場所、期間、方法で保管する。
・重要なデータについては複写履歴を記録する。
・重要なデータの廃棄には運用管理者が立ち会う。

Q22. ログってなに？
なんのために管理する必要があるの？

A22. ログはシステムの利用記録のこと
だよ。情報システムに問題が発生
した場合に原因を分析するために
残しておくんだよ。

ログ管理

運用管理者はログを取得し、定期的に分析すること。
＜主旨＞
情報システムで発生した問題を識別するために、ログを取得し分析す
ることが必要である。

参照：経済産業省「システム管理基準」　V-5. ログ管理

Q23. 運用管理者はログ管理を
どのようにしているの？

A23. ログを取得し定期的に
分析しているよ。

Q24. ログから何がわかるの？

A24. 適切なログ分析ツールを使えば、
サイバー攻撃などのセキュリティイ
ンシデント（事故）の兆候を発見し
て、対策を講じることができるよ。

解説

ログの管理・分析は訓練された実務管理者が実施しています。分析によって次の
ことが分かります。

- ・通常の適用範囲を超えた接続（アクセス）や違反行為
- ・障害時の障害内容・原因
- ・必要な対策の立案
- ・セキュリティインシデント（P.64 参照）の予兆や痕跡

第1章
第2章
第3章
第4章
第5章
第6章
第7章
第8章
第9章
付録

Q25. 構成管理ってなに？

A25. 情報システムを構成するソフトウェア・ハードウェア・ネットワークの構成を明確にして、システム運転上の問題がないように管理することだよ。

Q26. 漠然としているね。具体的には？

A26. 機器の構成管理、ハードウェア管理、ネットワーク管理をしているよ。

解説

具体的には次のことを実施しています。

・管理対象（ソフトウェア、ハードウェアなど）をグループ毎にまとめ、管理の手続きを明文化する。
・ハードウェア構成やネットワーク構成を変更して運用する場合、構成管理ルールに従う。
・ソフトウェア・ハードウェア・ネットワーク構成、調達先、サポート条件等を明確にした管理台帳を作成する。
・ソフトウェア・ハードウェア・ネットワーク構成を変更する場合は、計画的に実施し情報システムに与える影響を最小にする。

機器の構成管理

運用管理者は、構成管理ルールを作成し、遵守状況を確認すること。
＜主旨＞
情報システムの正常かつ効率的な稼動のために、構成管理ルールを定め、遵守する必要がある。

参照：経済産業省「システム管理基準」 V-6. 構成管理

Q27. ファシリティ管理ってなに？

A27. 情報システムを設置している建物や関連設備をファシリティと言って、建物や設備への入退者管理をすることだよ。

ファシリティ管理者

ファシリティの管理者は、建物及び関連設備を想定されるリスクに対応できる環境に設置する必要がある。
＜主旨＞
情報システムの停止、破壊等による被害を最小にするために、建物及び関連設備は、想定されるリスクを回避できる環境に設置する必要がある。

参照：経済産業省「システム管理基準」 V-7. ファシリティ管理

Q28. どんなことを管理しているの？

A28. 情報システムの停止、破壊などの
　　　被害を最小限にするため対策を講
　　　じて管理しているよ。

ファシリティ管理

①建物や関連設備に想定される危険要因(リスク)と対策を明確にする。

②自然災害の影響が最小になる場所に設置する。

③建物や設備に侵入を防止する設備(監視装置等)を設置する。

④情報システムの設置場所を表示しない。

⑤情報システムを設置している建物や部屋への入退に係るルールを定め管理する。記録を定期的に分析し、異常を早期発見する。

⑥電気や空調などの関連設備を安定的に運用するルールを定め順守する。

⑦関連設備の障害対策を講じるとともに、定期的に保守する。

⑧ファシリティに係る情報セキュリティ管理策を講じる。

Q29. ハードウェア管理って
なにをやるの？

A29. ハードウェアを適切に利用し、障
害を防止して、不正行為などから
保護するために、ハードウェア管
理ルールを作成し管理するよ。

ハードウェア管理

①ハードウェアの保管、移設、廃棄の際の不正防止、機密保護対策を講
じる。

②ハードウェアの特性や保有情報に応じて、不正防止、機密保護及び個
人情報保護対策を講じる。

③ハードウェアを想定されるリスクに対応できる環境に設置する。

④ハードウェアの定期保守を行う。

⑤ハードウェアの情報セキュリティ管理策を実施する。

Q30. ネットワーク管理ってなに？

A30. ネットワークへの接続制御（アクセスコントロール）や監視（モニタリング）をすることを言うね。

解説

管理することにより情報システムで利用しているネットワークへの侵入や不正使用の未然防止、侵入の早期発見が可能になります。

Q31. ネットワーク管理は誰がやっているの？

A31. ネットワーク関連技術に詳しいネットワーク管理者が担当しているよ。

ネットワーク管理者の業務

①ネットワークを正常に稼働させるため、「ネットワーク管理ルール」を作成する。
②ネットワーク管理の範囲を明確にし、監視体制を作る。
③外部サービスを利用する場合はサービスを提供する組織を評価する手順を明確にする。
④定期的に侵入テストを実施し、ネットワークへのアクセス制御が有効に機能しているかどうかを確認。
⑤ネットワーク監視ログを定期的に分析。
⑥ネットワークの障害対策の実施。

Q32. サービスレベル管理ってなに？

A32. 情報システムで提供しているサービスに問題がないかどうかを確認することだよ。

サービスレベル管理

運用管理者は、提供するサービスについてサービスの要求事項に基づいて実行可能なサービスメニューを作成し、実施すること。
＜主旨＞
提供するサービスの品質を維持向上するために、適切な管理指標に基づいてサービスの提供を実施する必要がある。

参照：経済産業省「システム管理基準」 V-8. サービスレベル管理

解説

サービスレベルは、情報システム開発時にサービス目標を定めて管理します。ビルの「入退管理システム」の例で見てみましょう。

①無人で入退管理をするシステムである。
②顔を認証するシステムである。
③顔を認証する精度が 99.9％である。
　⇒間違える確率が 1,000 人に 1 人程度を目標としている。

①②③をサービスレベルと言います。システムテスト段階でテストして、サービスレベルを確かめます。

Q33. 運用管理者はどのように
取り組んでいるの？

A33. 目標を達成するために
次のこと実施しているよ。

サービスレベル目標達成実施事項

①利用部門の利用状況を定期的に確認する。
②サービスの質について利用部門の満足度を確認する。
③サービスの状況を分析し、サービス低下につながる要因を発見し、早期に改善する。

Q34. インシデントってなに？

A34. システムで提供しているサービスが中断したり、サービスの品質が低下したりする出来事をインシデントと言うよ。

インシデント対応の管理

運用管理者は、すべてのインシデントに優先度をつけて、またインシデント管理手順を用いて、効率的かつ効果的に体系的な管理をすること。
＜主旨＞
インシデントの解決をインシデントの影響を最小限に抑制し、利用部門と合意したサービス目標内及び時間内で迅速に達成するために、優先度を定めて効率的かつ効果的に体系的な管理をする必要がある。

参照：経済産業省「システム管理基準」　V-9. インシデント管理

Q35. なぜインシデント管理をする
必要があるの？

A35. インシデントが発生すると会社の
事業に影響するからなんだ。

解説

インシデントの影響を最小限に抑えるために管理する必要があります。管理項目については「インシデント対応の管理」「問題管理」「変更管理」「リリース管理」があります。

インシデント発生時の対応手順

①考えられるインシデントを洗い出し優先度をつける。
②インシデントごとに措置実施の責任者を定めておく。
③重大なインシデント対応の専用手順書を作っておく。
④インシデント対応要員、責任と権限を定めておく。
⑤インシデント終了の判断基準を定めておく。
⑥インシデント管理に係る情報セキュリティ管理策を定めておく。

Q36. 問題管理ってなに？

A36. インシデントの発生を予防するために実施することを問題管理って言うんだよ。

解説

インシデントの影響を最小化したり回避したりするために、問題を識別し、インシデントの根本原因を特定して恒久的な対策を講じたり、予防措置を実施します。

問題管理の具体的実施項目

①問題の影響度を評価して優先度をつける。
②根本原因を特定する。
③問題がサービスに及ぼす影響の低減、除去するための処置。
④問題の識別と記録。
⑤問題管理手順の必要に応じた見直し。

第1章

第2章

第3章

第4章

第5章

第6章

第7章

第8章

第9章

付録

Q37. 変更管理ってなに？

A37. 情報システムのサービスを利用している運用・利用部門の変更要望にどのように対応するかを管理することだよ。

解説

変更管理は運用管理者が次のことを実施しています。

・変更要求の有効性、事業への影響を評価し、変更計画を作成。

・変更の成功又は失敗を判断する基準を定める。

・緊急変更の定義を明文化し、利用部門と合意をとる。

・変更計画と実績を分析し、適切な改善処置を講じる。

Q38. リリース管理ってなに？

A38. システムを利用部門へ問題なく出荷できるように管理することをリリース管理と言うよ。

解説

機能追加をしたシステムの正常性を確認し、システムを利用部門へ出荷することをリリースと言います。

リリース管理項目

①リリース計画を策定し、利用部門の合意を得る。
②リリース管理手順を作成し明文化する。
③リリースが失敗した場合、原因を調査し、合意した処置をする。
④リリースを分析し、記録、レビューして適切な改善処置をする。

Q39. サービスデスクってなに？

A39. 利用部門からの問合せや、発生した問題にタイムリーに対応するための組織なんだ。

サービスデスク管理

運用管理者は、情報システム運用部門と利用部門とをつなぐ単一窓口(SPOC：Single Point of Contact)のサービスデスクを設置すること。
＜主旨＞
利用部門からの問合せ及び発生した問題に対して、タイムリーかつ効果的に対応するために、適切に構成、運用されているサービスデスクが必要である。

参照：経済産業省「システム管理基準」 V-10. サービスデスク管理

サービスデスク業務

①利用部門からの要求を受けて、合意されたサービスレベルを実現しているかを確認する。

②利用部門からの問合せ、対応状況を記録、処理する。

③運用管理者はサービスデスクの対応状況をモニタリングし、合意されたサービスレベルを維持するための改善措置をとる。

第 5 章

事業の継続

災害などにより、ひとつの企業の製品やサービスの供給停止が社会経済に与える影響は、大きくなっています。
本章では事業の継続に関する基本的なことを説明します。

この章で学べること

①リスクアセスメント

②業務継続計画の管理

③システム復旧計画の管理

④訓練の管理

⑤計画の見直しの管理

企業は災害に備える防災の取り組みとともに、企業が生き延びることが求められています。事業継続のかたちは企業ごとに異なりますが、詳しいことは内閣府より公表されている「事業継続ガイドライン（第二版）」を参照してください。

Q1. 事業継続ってなに？

A1. 企業が自然災害や火災、システム攻撃などに遭遇した場合に、被害を最小限にとどめて、企業の事業を停止しないで、継続することを言うよ。

Q2. 普段から予め準備しなくてもいいの？

A2. そうだね、事業を継続するための対策を定めておくんだ。これを「事業継続計画」BCP（Business Continuity Plan）と言っているね。

Q3. リスクアセスメントってなに？

A3. 情報システムが停止したり、使えなくなったりする要因（リスク）を、予め調査しておくことを言うよ。

リスクアセスメントの事前実施項目

①自然災害等が情報システムに与える影響を明確にする。
②情報システムの停止等によって会社が被る損失の分析をする。
③業務の重要性、緊急性、影響範囲及び他業務への影響を考慮して、業務復旧までの許容時間及び復旧優先順位を定める。

Q4. 停止した情報システムを、どのように復旧させるの？

A4. 業務の復旧目標に応じて、データのバックアップ方法、バックアップ手順などを定めるんだ。

Q5. 情報システムが停止した場合、
回復するまで待っているの？

A5. 業務が中断しないように、代替手段
を準備しておくよ。

解説

情報システムが停止した場合、別の手段を用いて業務を継続できるように準備しておきます。例えば、情報システムを二重化しておく方法や、データを別のバックアップセンターに保管しておく方法などがあります。

事前準備・代替手段

①情報システム部門・ユーザー部門・運用の責任者が協力して、復旧できるかどうかを検証しておく。
②復旧許容時間・復旧優先順位に応じた代替処理手続きを明らかにしておく。
③代替処理実行時の責任者、指揮命令系統を明確にしておく。
④復旧の進捗状況を関係者に周知する体制を構築しておく。
⑤復旧作業体制、予算を確保しておく。

リスクアセスメントについて

①情報システム部門長は、情報システムにかかわる災害時、テロによる破壊行為発生時及びサイバー攻撃の情報システムの対応策を具体化するため、地震、洪水、テロ及びサイバー攻撃等のリスク及び情報システムに与える影響範囲を明確にする必要がある。
②情報システムの停止等により組織体が被る損失を分析すること。
③情報システムにかかわる被災による業務の停止及び影響を最小限にとどめ、効率的に復旧するため、業務の復旧許容時間及び復旧優先順位を定める必要がある。

参照：経済産業省「システム管理基準」 Ⅷ-1. リスクアセスメント

Q6. 事業継続計画と業務継続計画の違いは？

A6. 事業継続計画は事業を継続するための対策を決めておくこと、業務継続計画は特定の業務が継続できるように対策をとっておくことを言うね。

解説

事業継続計画は事業に支障が出る緊急事態が発生した際に、事業全体の損害を最小限に抑えるため対策が広範囲に及びます。業務継続計画は、特定部門が実施している業務に係る対策のため範囲が狭いことが特徴です。

Q7. どうして業務継続計画をつくるの？

A7. 災害や事故発生時に混乱することなく、情報システムの復旧措置などを迅速にとり、業務が継続できるようにするためだよ！

Q8. 業務継続計画には具体的に
どんなことを定めるの？

A8. 次のことを定めているよ。

業務継続計画

①重要データのバックアップ手順
②システム復旧手順
③停止システムの代替処理方法
④関係者への周知方法

Q9. 業務継続計画の策定にあたり、
管理者は何をしているの？

A9. 管理者は次のことをしているよ。

業務継続計画における管理者の実施事項

①システムを復旧し、業務を継続するための対策を講じる。
②従業員の教育訓練、リスクに関する話し合い(リスクコミュニケーション)を実施する。
③業務継続計画の関係部署へ周知徹底する。
④経営環境や業務の変化に応じて見直しをする。

Q10. システムの事故はいつ起きるかわからないよね？　事故発生時にどうすればいいか、わからないのでは？

A10. 業務継続計画、業務継続手順について、関係者を訓練するよ。

解説

訓練は１回のみではなく、定期的（半年から１年に１回など）に実施します。

Q11. 業務内容の変化、情報システムの更新があったらどうするの？

A11. 組織の長は、業務継続計画が時間の経過により陳腐化しないように、絶えず見直しをしているよ。

解説

見直しされた業務継続計画については、その都度関係者に訓練を実施しています。情報システムの更新があった場合は、現在の業務継続計画が使えるか確認し、必要により計画を変更します。

業務継続計画の管理

①情報システム部門長は、災害及び重大事故発生時に混乱することなく、適切な措置を迅速に確実に実行するために、事業継続計画と整合性を取った情報システムに係る業務継続計画を策定する必要がある。
②情報システムに係る災害及び重大事故発生時に対応した業務継続計画を作成し、承認を得ること。
③情報システムに係る業務継続計画の実現可能性を確保すること。
④業務継続計画の中で、従業員の教育訓練及びリスクコミュニケーションの方針を明確にすること。
⑤業務継続計画を関係各部に周知徹底すること。

参照：経済産業省「システム管理基準」 Ⅷ-2. 業務継続計画の管理

Q12. 業務の中断や情報システムに事故が発生した場合どうするの？

A12. 業務継続計画に問題がなかったかを評価し、見直しを実施するよ。

システム復旧計画の管理

①情報システム部門長は、情報システムに係る復旧作業の効率及び経済性を考慮して、確実に復旧させるため、業務の復旧目標に対応して、バックアップ方法及び手順を定める必要がある。
②定められたバックアップ方法及び手順の実現の可能性を確認するため、運用の責任者とバックアップ方法及び手順を検証する必要がある。
③停止した情報システムを復旧するまでの間、業務を継続するため、代替処理手続及び体制を定める必要がある。

参照：経済産業省「システム管理基準」 Ⅷ-3. システム復旧計画の管理

Q13. 事故が起きた場合、
どんなことをするの？

A13. 次のことを評価し、
必要により見直すよ。

事故発生時の評価・見直し事項

①業務継続手順の適切性・有効性・妥当性
②影響を与える可能性のある組織内外の環境変化
③外部及び内部の課題・問題点の変化
④情報システムに係る「業務継続計画」に影響を与える可能性のある組織内外の環境変化に対応するための手順及び管理策の修正

計画の見直しの管理

①情報システム部門長は、情報システムに係る業務に影響を与える重大な事故が発生した場合、事故後に業務継続計画を評価し、見直す必要がある。
②業務継続計画が適切かつ有効であることを、あらかじめ定められた間隔で評価し、見直す必要がある。
③情報システムに係る業務継続計画に影響を与える可能性のある組織内外の環境変化に対応するための手順及び管理策を修正すること。

参照：経済産業省「システム管理基準」 Ⅶ‐5.計画の見直しの管理

人的資源ってなに？

人的資源は、ほかの経営資源を動かす原動力になることから、「ひと・もの・かね・情報」の４つの資源のなかで重要視されています。本章では、人的資源を活用するために必要な基本的なことを説明します。

この章で学べること

① 人的資源とは？

② 人的資源管理

③ 責任と権限の管理

④ 業務遂行の管理

⑤ 教育・訓練の管理

⑥ 健康管理

第6章 人的資源ってなに？

人的資源とは、企業の経営活動を支えるうえで必要な経営資源「ひと・もの・かね・情報」の経営資源のなかで、「ひと」の部分を言います。さらに、「ひと」が持っている職務上必要なスキルや能力によってもたらされる経済的な価値を含めて人的資源と考えられています。

Q1. 人的資源ってなに？

A1. 情報システムに係る企画・開発・運用及び保守業務を担当する管理者や担当者を人的資源と言うよ。

Q2. 他にも資源ってあるの？

A2. 会社の資源には、いろいろあるよ！

解説

会社の資源には、ひと・もの・かね・情報の４つがあります。
ひととは、人的資源（社員・管理者など）、ものとは、物的資源（システムや機械や道具など）、かねとは、金的資源（現金、預金、借入金など）、情報とは、情報資源（データ、ノウハウなど）を言います。

Q3. 人的資源管理ってなに？
　　どうして管理する必要があるの？

A3. 「ひと」を管理することだよ。
情報システムに係る企画・開発・運用及び保守業務を効率的に、誤りや不正を防止し、機密を保護するため、管理する必要があるんだよ。

Q4. 責任ってなに？　誰が決めるの？

A4. 業務の目的を達成する責任を言うよ。責任と権限は、業務の内容をよく知っている組織の長が決めるよ。

解説

法的・道徳的な責任もあります。業務の目的を達成するために、業務ごとの責任者を決めて、権限を与えています。

Q5. 組織の長はどんなことをするの？

A5. 業務の目的を達成するため、
次のことをしているよ。

組織の長の実施事項

①責任と権限のルールを定めて、明文化しておく。
②能力や経験を考慮し、担当者と管理者を明確にする。
③指揮命令系統を定める。
④責任及び権限を定めるにあたって職務分離を明確にする。
⑤業務環境や情報環境の変化に対応して見直しをする。
⑥責任と権限のルールを関係者に周知する。

責任と権限の管理

①情報システム部門長は、情報システムに係る企画・開発・運用及び保守業務を効率的に遂行し、誤びゅう及び不正を防止し、機密を保護するため、各業務に係る管理者・担当者の責任及び権限を明確に定める必要がある。
②業務環境及び情報環境の変化に適応させるため、情報システムに係る要員の責任及び権限は定期的又は適切なタイミングで見直す必要がある。
③情報システムに係る企画・開発・運用及び保守業務を効率的かつ確実に遂行し、人的資源相互の連携を図るため、責任及び権限を個々の要員をはじめ関係者に周知徹底する必要がある。

参照：経済産業省「システム管理基準」 Ⅸ-1. 責任と権限の管理

Q6.どんなことを管理するの？

A6.担当者も管理者も、果たすべき役割や責任があるんだ。業務をしながら役割や責任を果たしているかを確認し、必要により指導するんだ。

Q7.管理者の果たすべき役割・責任ってなに？

A7.管理者は以下のことをやっているよ！

管理者の役割と責任

①要員の作業分担や作業量を決めるとき、要員の知識・能力・作業遂行能力を考慮する。

②作業遂行能力を評価し、作業分担及び作業量を見直す。

③要員の交替に備えて、交替要員の育成をする。

④要員の引継ぎミス等による誤びゅうの発生や、不正を防止する。

Q8. 要員の果たすべき役割はなに？

A8. 要員は自分の作業分担はもちろん、業務を効率的かつ確実に実施し、誤びゅうや不正をしない義務を認識する必要があるよ。

解説

要員が役割を果たすために管理者は、要員の職務執行状況を把握する仕組み（要員の「業務報告書」、要員間の相互牽制ルールなど）を作っています。

業務遂行の管理

①企画・開発・運用及び保守業務を効率的かつ確実に遂行するため及び誤びゅう、不正を防止するため、要員は責任を果たし、権限を遵守する必要がある。

②企画・開発・運用及び保守業務を計画に基づき遂行し、目的とした成果物の品質を確保するため、管理者は作業分担及び作業量を要員の知識・能力等から検討する必要がある。

③管理者は、業務の適切な遂行のために、計画的及び不測の事態への対応のために、日常的に交替要員の育成をする必要がある。

参照：経済産業省「システム管理基準」 Ⅸ-2. 業務遂行の管理

Q9. 教育訓練のカリキュラムを
どうやって決めるの？

A9. 組織のシステム化計画及び人的資源
管理の方針に基づいて作成するよ。
また、情報技術の進歩などに応じて
適宜、カリキュラムの見直しを行っ
ているよ。

Q10. カリキュラム作成にあたって
要員のことを考えているの？

A10. 管理者は次のことを考えているよ。

カリキュラムの作成で考慮すべきこと

①要員のスキル向上、業務への参画意識の向上、技術力の向上、業務知識の習得等を考慮して作成する。

②カリキュラムに基づいて、定期的な訓練を行う。

③企画、開発、運用及び保守業務の遂行に必要な知識・能力を習得させるため、キャリアパス（目的達成に向けた経験の順序）を確立する。

教育・訓練の管理

①情報システム部門長は、情報システムに係る一貫した教育及び訓練を行うため、管理者はシステム化計画及び人的資源管理の方針に基づいたカリキュラムを作成し、情報技術の進歩等に応じて見直す必要がある。

②要員のスキル向上及び業務への参画意識の向上を図るため、教育及び訓練のカリキュラムは、技術力の向上、業務知識の習得及び情報セキュリティの確保等から検討する必要がある。

③要員が、企画、開発、運用及び保守業務の遂行に必要な知識、能力等を習得するため、情報システム部門長は、教育及び訓練をカリキュラムに基づいて定期的かつ効果的に行う必要がある。

参照：経済産業省「システム管理基準」 Ⅸ-3. 教育・訓練の管理

Q11. 組織が健康管理をするねらいはなに？

A11. 組織の長は、全ての要員が身体的及び精神的に健康を保ち、企画・開発・運用及び保守業務を、健全に遂行するため、健康管理をしているよ。

Q12. 健康管理って具体的に
なにを管理しているの？

A12. 次のことを管理しているよ。

健康管理の実施内容

①全ての従業者の健康を維持するため、健康診断及びカウンセリングを実施する。
②精神的ないしは心の側面における健康管理を行う（メンタルヘルスケア）。
③従業者の個人的努力のみでは健康維持が困難であることを認識し、組織として環境を改善する。

健康管理

①情報システム部門長は、情報システムに係る全ての要員の健康管理を実施し、システムの企画、開発、運用及び保守業務を円滑に実施する必要がある。
②情報システム部門長は、組織体としてシステムに係る全ての従事者の健康診断、カウンセリング等を実施し、従事者の健康を管理し、システムの企画、開発、運用及び保守業務を円滑にする必要がある。
③情報システム部門長は、システムに係る全ての人員のメンタルヘルスを実施し、システムの企画、開発、運用及び保守業務を円滑にする必要がある。

参照：経済産業省「システム管理基準」 Ⅸ-4. 健康管理

第1章
第2章
第3章
第4章
第5章
第6章
第7章
第8章
第9章
付録

文書のうまい扱い方

組織として一貫したドキュメント（文書）を作成する必要があります。そのため、ドキュメントの体系・記述形式・記述内容などをルールとして定め、利用部門および情報システム部門がそのルールに従って正しく文書を作成、利用、維持管理する必要があります。本章では、文書のうまい扱い方を説明します。

この章で学べること

① ドキュメントとは

② ドキュメントの作成方法

③ ドキュメントの管理方法

文書をうまく扱うためには、組織は一貫した文書（ドキュメント）を作成できるように「文書作成ルール」を定める必要があります。また、関係者は、そのルールに従って文書を作成、管理する必要があります。

Q1. ドキュメントってなに？

A1. 文書または書類のことをドキュメントと言うよ。紙に記録された文書の他に、パソコンやスマホの中に記録されているものもドキュメントの一種だよ。

記憶装置

記憶装置はパソコンの中に入っています。

Q2. ドキュメントはどのように作るの？

A2. ドキュメント作成ルールとして、
次を定めているよ。

ドキュメント作成ルール

①文書の体系（見出し、内容、頁数など）
②記述形式（文字の大きさ、使用文字、文字数など）
③記述内容の具備条件

最高情報責任者（CIO）の視点

①組織として一貫したドキュメントを作成するために、ドキュメントの作成方針に従い、体系、記述形式、記述内容等をルールとして定め、利用部門及び情報システム部門が遵守する必要がある。
②利用部門及び情報システム部門の管理者は、必要なドキュメントを確実に作成するため、ドキュメント作成計画を策定する必要がある。
③管理者は、ドキュメントの種類の過不足を防ぎ、使用目的に応じ効率よく作成するため、ドキュメントの種類、目的、作成方法等をドキュメントの作成計画で明確にする必要がある。
④ドキュメントは、必要な内容を網羅し、必要な時期までに用意するために、作成計画に基づいて作成する必要がある。
⑤ドキュメントの品質を確認し、組織体の共有物とするため、ドキュメントは、利用部門長及び情報システム部門長が承認する必要がある。

参照：経済産業省「システム管理基準」 X-1. ドキュメントの作成

Q3. ドキュメント管理ってなに？
　　どうして管理する必要があるの？

A3. 管理する理由は次のとおりだよ！

ドキュメントを管理する理由

①誰でも正しい文書を作成できるようにしておく必要がある
　（文書の体系、記述形式、記述内容等を明記）。
②必要な文書を確実に作成する必要がある。
③文書の保管、複写、廃棄の際の不正を防止する。
④文書への記載情報の機密保護対策が必要である。

最高情報責任者（CIO）の視点

1. ドキュメントの作成のために実施すべきこと
　　①ドキュメントの作成ルールを定める。
　　②ドキュメントの作成計画を策定する。
　　③ドキュメントの種類、目的、作成方法等を明確にする。
　　④ドキュメンントは作成計画に基づいて作成する。
　　⑤部門長が作成したドキュメントを承認する。
2. ドキュメントの管理方法
　　①定めた方針に従い、ドキュメント管理ルールを定め、遵守する。
　　②利用する情報システムや情報サービスの変更に伴い、ドキュメントの内容を更新し、更新履歴を記録する。
　　③利用部門長及び情報システム部門長がドキュメントの更新内容を承認する。

参照：経済産業省「システム管理基準」 X-1. ドキュメント管理

Q4. 管理者はどんなことをやっているの？

A4. 次のことをやっているよ！

ドキュメント作成に関する管理者の実施事項

①ドキュメント作成ルールの作成。
②作成ルールに基づいて、「ドキュメントの作成計画」を策定する。
　・ITガバナンス、企画、開発、運用、保守、外部サービス管理に関する
　　資料
　・事業継続管理に関する資料
　・人的資源管理に関する資料

Q5. ドキュメントの作成計画には
どんなことが書いてあるの？

A5. ドキュメントの種類、目的、作成方
法などを明示しているよ。その理由
はドキュメントの種類の過不足を防
いで、利用目的に応じ、効率よく作
成するためなんだ。

Q6. どんなことを管理しているの？

A6. 次をドキュメント管理ルールとして
定めて管理しているよ。

ドキュメント管理ルール

①情報システムの内容と整合したドキュメントを維持し、利用を円滑に
するため、原本及び配布されたドキュメントの管理の仕方。

②電子ファイルを含むドキュメントの機密性、完全性、可用性等の確保の
ための対策を立てる。

③ドキュメントの更新履歴を記録する。

④ドキュメントの不正利用、漏えい等を防止するため、ドキュメントの保管、
複写及び廃棄は、不正防止及び機密保護の対策を講じる。

⑤ドキュメント管理ルールを定期的に見直す。

最高情報責任者（CIO）の視点

①情報システムの内容と整合したドキュメントを維持し、利用を円滑にするため、原本及び配布されたドキュメントの管理ルールを定め、遵守する必要がある。

②利用する情報システムや情報サービスの内容と整合したドキュメントを維持し、最新の状態を明確にするため、利用する情報システムや情報サービスの変更時に関連ドキュメントの内容を更新し、更新履歴を記録する必要がある。

③変更したドキュメントの品質を確認し、組織体の共有物とするため、ドキュメントは、利用部門長及び情報システム部門長が承認する必要がある。

④ドキュメントの不正利用、漏えい等を防止するため、ドキュメントの保管、複写及び不要ドキュメントの廃棄は、不正防止及び機密保護の対策を講ずる必要がある。

⑤定期的に管理ルールの見直しをする必要がある。

参照：経済産業省「システム管理基準」 X-2. ドキュメントの管理

第 8 章

情報システムの活用法

あらゆる組織は、顧客、従業員、取引先、投資家、その他の関係者(ステークホルダー)に対して、価値を創出することが求められています。
本章では、情報システムをうまく活用する方法を説明します。

この章で学べること

①組織の価値を高める IT ガバナンスとは？

②組織の価値を高めるために実施すること

③情報システム戦略（方針や組織体制等）

④情報システム投資とは

⑤情報システムの資源管理

⑥コンプライアンス

⑦情報セキュリティ

⑧事業継続管理の評価・指示・モニタ

現在IT（情報技術）は事業戦略に欠かせないものとなっており、ITによって実現される情報システムの活用の巧拙（上手下手）が経営に大きな影響を及ぼすようになっています。ここでは組織の価値を高める活用法について説明します。

Q1. IT ガバナンスってなに？

A1. 経営陣が会社の関係者（ステークホルダー）のニーズに基づき、組織の価値を高めるために実践する行動を言うよ。

経営陣

取り組みの例
●情報システムのあるべき姿の明示
●情報システム戦略の策定

Q2. ステークホルダーってなに？

A2. あらゆる組織は、顧客、従業員、取引先、投資家、その他を含む関係者がいるんだ。それをステークホルダーと言うよ。

Q3. 会社などの価値を高めるためには
なにをすればいいの？

A3. 経営陣はこんなことも
やっているよ!

経営陣

- 情報システムの危険要素（リスク）の分析と対策実施
- 資源の配分（予算や人材）
- 情報システムから得られる効果の実現

Q4. IT ガバナンスを成功させるために経営陣
（社長など）はなにをやっているの？

A4. 経営陣は以下の方針で
取り組んでいるよ。

経営陣の方針

①責任：責任を負う人には、その役割を遂行する権限を与える。
②戦略：情報システム戦略は、情報システムの現在及び将来の能力を考慮して策定し、現在及び将来のニーズを満たす。
③導入：情報システムの導入は、短期・長期の両面で効果、リスク、資源のバランスが取れた意思決定に基づく。
④提供：情報システムは、現在及び将来のニーズを満たすサービスを提供する。
⑤適合：情報システムは、関連する全ての法律及び規制に適合する。
⑥人間行動：情報システムのパフォーマンスの維持に関わる人間の行動を尊重する。

①情報システム戦略の方針及び目標の決定の
手続を明確化する。

②情報システム戦略遂行のための組織体制を
作る。最高情報責任者(CIO)を任命する。

③CIOの配下に情報システム部門をおく。情報
システム部門の役割を明確にし、適切な権
限及び責任を与える。

④情報システム戦略の策定・評価・指示・モニタ
を実施する。

⑤情報システム投資計画を経営戦略との整合
性を評価して策定する。

A5. 経営陣の具体的実施事項を
以下に示すよ。

⑥情報システムに関する資源管理の対象を明
確にする。

⑦情報システムに関する法令及び規制の遵守
のための管理体制を確立するとともに、管理
者を定める。

⑧情報セキュリティに関しては、現在の状況と
予測される環境変化に基づいて、その変化が
もたらすリスクを考慮して、適切な対応策を
評価し講じる。

⑨情報システムリスクについて、情報システム
戦略と情報システムに関わるリスクを管理
する体制と役割を明確にする。

⑩情報戦略及び情報システムに関連した事業
継続の方針を策定する。

Q6. 情報システム戦略ってなに?

A6. 会社が繁栄し、継続するような情報システムに関する作戦を言うよ。

解説

会社の経営方針に基づいて策定します。作戦は長期的な計画(中長期計画)や、1年間の計画(年間計画)を作って実行します。

情報システムを運用・利用するフェーズ(段階)で考慮すること

①情報システム開発時の運用設計方針に基づいて運用管理ルールを定める。

②情報システムを運用する管理者(運用管理者)は年間運用計画を策定する。

③情報処理設備及びシステムの安全な運用を行うために、情報セキュリティ管理ルールを作成する。

Q7. 経営方針って何？

A7. 達成すべき目標のことだよ。

解説

お客様満足度の向上、売り上げ目標の達成などみんながわかるように定めます。

経営方針の例

経営方針は当該企業の経営の基本的な考え方（経営理念）を実現するための具体的な方針である。一般的に経営理念は抽象的な概念を掲げているが、経営方針はより具体的な内容を定めたものである。経営方針（例）には以下のようなものがある。

①サービス業：お客様の満足度を最優先に対応する。
②金融機関：お客様、そして経済・社会にとって常に革新的で最適な金融サービスを提供する。
③通信業：豊かで快適な暮らし・地球環境の保全や社会的課題の解決に取り組み、持続可能な社会の発展に貢献する。
④開発事業：社会と企業の持続的な成長を目指していく。お客様、株主・投資家、取引先、地域社会、従業員をはじめとするステークホルダーの満足を追求していく。
⑤農業系組織：生産者と消費者を安心で結ぶ懸け橋になる。

Q8. 情報システム戦略を実施するための組織体制はどうなっているの？

A8. 情報システムに関する高度（戦略的）な意思決定ができる最高情報責任者（CIO）を配置し、指揮命令系統を整備しているよ。また、情報システム部門の役割と体制を定めているよ。

Q9. 情報システム部門の役割ってなに？体制はどうなっているの？

A9. 情報システムの開発と運用をする役割を持った組織を作って、技術者や管理者を置くんだ。

解説

情報システム部門には、ほかに業務効率化に役立つシステム、価値を創造するシステムなどを開発し運用する役割もあります。最高情報責任者（CIO）などを定め、仕事がうまく進むような体制をとっています。

Q10. 情報システム投資ってなに？

A10. 情報システムの開発のために資金を提供することなどを言うよ。

解説

投資とは経済用語で、株式を買ったり、お金を貸すなど、お金を動かしながら増やすことを言います。

情報システム投資の管理方法

①投資の方針と確保すべき経営資源の管理
　⇒投資状況や経営資源の状態を観察するため。
②投資効果の算出方法、リスクの算定方法の管理
　⇒効果を客観的に評価し、必要により修正するため。

第1章
第2章
第3章
第4章
第5章
第6章
第7章
第8章
第9章
付録

107

Q11. 情報システム投資策定の評価って、なにをしているの？

A11. 情報システムにどのくらいのお金を使うのか、事業の方針や目標に基づいて策定され、経営戦略と整合しているかをチェックすることを評価って言うよ。

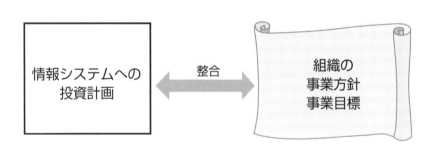

| 情報システムへの投資計画 | ←整合→ | 組織の事業方針事業目標 |

Q12. 情報システム投資の指示は
どのようにしているの？

A12. 使い勝手がよく、円滑に運用でき
る情報システムとするため、利害
関係者（お客様や株主など）の意
見を聞きながら指示しているよ。

投資の種類

①『攻め』の情報システム投資
　・最新技術を用いた新ビジネスの開拓
　・IT 活用によるサービス開発強化など
②『守り』の情報システム投資
　・業務効率化やコスト削減、安定稼働
　・セキュリティ体制構築など

Q13. 情報システム投資のモニタって どうして必要なの？

A13. 実行状況を、定期的または経営環 境が変化した時にチェックし、必 要な対策をとるためにするんだよ。

Q14. 投資した費用が正しかったか 分かるの？

A14. 投資金額や用途などを記録して、 継続的に計画と比較してチェック すれば分かるよ。

解説

大きなズレがあった場合は、補正して投資を行ったり、投資計画自体を見直す場 合もあります。

Q15. 情報システムの資源ってなに？

A15. 情報資産、人的資産、外部資源が
あるよ。

各資源の内容

①情報資産：ひと、もの、かねなどの情報のこと。ノウハウなども
情報資産
②人的資産：役員、従業員などが持っている業務を遂行する能力
③外部資源：仕事を委託している委託先会社など

Q16. 情報資産の活用で
考慮していることは？

A16. 情報資産を有効活用するため、管
理方針、管理ルールを定め、体制
を明確にしているよ。

Q17. 外部資源はなぜ必要なの？

A17. 組織内部の資源だけでは足りない
ひと・もの・かねを、外部組織に
お願いして補強する必要があるか
らだね。

解説

内部資源と外部資源のコストを比較し、内部資源を新たに補強するほうが安い場
合は外部資源は利用しません。

Q18. 人的資源の活用で
考慮していることは？

A18. 人的資源の現状を把握し、必要と
する人材、能力を明らかにしてい
るよ。

Q19. 従業員に対しては
どのように対応しているの？

A19. 組織の情報システムに必要な人材
の現状、将来計画を把握し、必要
なスキルを明確にして、採用や育
成の方針を明文化し、組織内に周
知しているね！

第1章　第2章　第3章　第4章　第5章　第6章　第7章　第8章　第9章　付録

Q20. コンプライアンスってなに？

A20. 倫理や法令・規制を遵守すること
を言うよ。

Q21. 倫理ってなに？

A21. 人として守るべき道で、道徳・社会
慣習となっているきまりを言うよ！

解説

お金を儲けるためになにをやってもいいということではありません。情報システ
ムを利用するにあたって守るべきルールを「情報倫理規程」などに定め、遵守す
べき法令・規制を明確にして、周知を徹底し関係者へ教育をしています。

Q22. 個人情報の取扱いはどうやっているの？

A22. 方針を定めて関係者に周知して、
「個人情報保護法」に定められて
いることを遵守するように教育を
実施しているよ。

Q23. 情報セキュリティってなに？

A23. インターネットやコンピュータを安心して使い続けられるように、大切な情報が漏れたり、使っているサービスが使えなくなったりしないように、必要な対策をすることを言うよ。

Q24. 情報セキュリティの評価ってなに？

A24. 情報システムの運用中に環境の変化があっても、大切な情報が漏れたり、使っているサービスが使えなくなったりしないかをチェックすることだよ。

Q25. 操作を間違えて
　　　攻撃される危険はないの？

A25. 攻撃される危険はあるよ。だから
不正防止、個人情報保護などについ
いて、業務の重要度やリスクに応
じて情報資産のセキュリティ対策
の方針を定めて周知して、さらに
操作上の具体的な留意事項を教育
しているよ。

Q26. 新しい攻撃が毎日発生しているって
　　　聞くけど、対策はどうするの？

A26. 情報セキュリティ対策が効いてい
るかどうか、システム機能や管理
者が監視しているよ。

Q27. リスクってなに？
リスクマネジメントってなに？

A27. リスクとは、なにか悪いことが起きる可能性のことを言うよ。
リスクマネジメントとは、リスクを通じて悪いことが起きないように管理することだよ。

Q28. 悪いことが発生しないようになにをしているの？

A28. 情報システムに関わるリスクを管理する体制と役割を明確に定めているよ。

解説

「情報管理課」を置いて管理している会社もあります。システムへの攻撃前に発見する方法として、情報資産の信頼性・安全性を確保するために、情報資産が持っているリスクを洗い出して対応策を評価します。会社の情報システムに対するリスクを抽出・監視し、発見した場合はその危険性を評価し、危険性が高い場合は対策を講じます。経済産業省で攻撃事例と対策を公表しています。

Q29. 事業継続ってなに？

A29. 災害などの緊急事態の発生、脅威が発生した際に、事業に与える影響を最小にして、事業の中断がないようにすることを言うよ！

Q30. 事業継続のためになにをやっているの？

A30. 事業継続の方針を定めているよ。事業継続の対象範囲や事業継続計画（BCP：Business Continuity Plan）も作成しているよ。

Q31. 事業継続計画には
なにが計画されているの？

A31. すべての利害関係者が円滑に対応
できるように、利害関係者の意見
も考慮して計画するよ。

地震に対応する「事業継続計画」例

①基本方針　　　　　　　　　　②被害想定
③地震直後の被害対応　　　　　④発動基準
⑤目標復旧時間と目標復旧レベル　⑥重要業務継続のための対策
⑦地震発生後の対応

Q32. 災害発生時に活用できるの？

A32. 事業継続計画の有効性を高めるために、関係者に周知を徹底しているよ。あわせて定期的に模擬訓練も実施して、急に災害が発生しても活用できるようにしているんだ。

Q33. 災害発生時にはどうするの？

A33. 事業継続計画に従って行動し、
被害を最小にしているよ。

Q34. BCP の基本方針には
なにを定めているの？

A34. 次のことを定めているよ。

地震災害対策用 BCP の例

①人命（従業員・顧客）の安全について
②社会的な供給責任について
③自社の経営維持について
④地域等との協調について
⑤二次災害の防止について

事業継続計画（BCP）の定義

大地震などの自然災害、感染症のまん延、テロなどの事件、大事故、サプライチェーン（供給網）の途絶、突発的な経営環境の変化など不測の事態が発生しても、重要な事業を中断させない、または中断しても可能な限り短い期間で復旧させるための方針、体制、手順などを示した計画のことを事業継続計画（BCP：Business Continuity Plan）と呼ぶ。

BCP において重要な取り組み例
　・各担当者を決めておくこと（誰が、何をするか）
　・連絡先を整理しておくこと
　・必要な物資を整理しておくこと
　・上記を組織で共有すること
　・定期的に見直し、必要に応じて研修・訓練を行うこと
　　などがあげられる。

参照：「事業継続ガイドライン―あらゆる危機的事象を乗り越えるための戦略と対応―」
（内閣府 防災担当／平成25年8月改定）より

第 **9** 章

外部サービス管理

自社に不足しているところは、外部の事業者が
提供しているサービス（外部サービス）を利用
して、自社の目的・目標を達成します。
本章では、外部サービスの利用や管理について
説明します。

この章で学べること

①外部サービス利用計画の策定

②委託先選定基準の策定

③委託契約

④委託先の管理

⑤サービスレベル管理

外部サービスを利用する場合は、業務を委託することが多く、その場合、委託先で受託している業務が適切であるかを管理する必要があります。ここでは選定基準やレベル管理を説明します。

Q1. 外部サービス管理ってなに？
なにを管理するの？

A1. サービス提供会社の選び方や契約の結び方、サービスレベルの確認の仕方などがあるよ。

解説

自社以外で提供しているサービスのことを外部サービスと言います。例えば、メールのやりとりができるサービスやスマホを使って買い物をするサービスです。これらのサービスは自社以外の組織で提供しているサービスの一つです。

Q2. 会社の業務をオートメーション化して、仕事を効率化したいけれど、コンピュータが分かる人がいない場合はどうするの？

A2. 開発技術者がいる外部の組織に頼んで開発してもらう方法があるんだよ。

Q3. 外部サービスを利用するには
どうすればいいの？

A3. 情報システムの運用・保守を担当す
る部署や、情報システムを利用する
部署の管理者が協力して外部サービ
ス利用計画を作るね。

Q4. 外部サービス利用計画には
なにを書いているの？

A4. 次のことを明示しているよ。

外部サービス利用計画

①外部に委託する目的・内容・予算
②委託する効果、リスク（危ないコト）
③委託先の体制、セキュリティ対策の実施状況

外部サービス利用計画

＜主旨＞
外部委託元部門長は、委託業務の内容を明らかにし、業務を円滑に遂行
するため、外部委託の目的、内容、効果などを明確にする必要がある。
＜実施事項の例＞
外部委託元部門長は、外部サービス利用計画で、目的、対象範囲、予算、
体制等を明確にすること。

参照：経済産業省「システム管理基準」 Ⅶ-1. 外部サービス利用計画

Q5. 業務の委託先をどうやって決めるの?

A5. 担当者が勝手に委託先を決定できないように、委託先選定基準というルールを定めているよ。

Q6. 委託先選定基準には
どんなことが書いてあるの?

A6. 次のことが書かれているよ。

委託先選定基準

①委託先の安定性　　②委託先の実績
③委託先の技術レベル　④委託先のセキュリティ対策状況
⑤委託先の品質管理体制

Q7. 要求仕様書には
なにが書かれているの？

A7. 次のことが書かれているよ。

要求仕様書

①委託の目的 ②委託の範囲
③要求するサービスの内容 ④要求するサービスレベル

Q8. 契約後に委託先とのトラブルはないの？

A8. 委託先事業者に対して、事前に
必要な要求条件を要求仕様書に
記述して説明し、トラブルが起
きないようにしているよ。

委託先選定

外部委託元部門長は、委託先の選定基準を明確にする。
＜主旨＞
委託先の選定が外部サービス利用計画と整合性がとれ、客観的な評価
ができるようにするため、選定基準を定めておく必要がある。
＜着眼点＞
①委託先の選定基準を明文化し、情報システム戦略委員会が承認して
いること。
②選定基準は外部サービス利用計画と整合性がとれていること。

参照：経済産業省「システム管理基準」 Ⅶ-2. 委託先選定

Q9. 委託先で問題が発生しないように、どんな約束をしているの？

A9. 契約書（外部委託契約書）に、次のことを記述するよ。

外部委託契約書

①委託業務内容・業務範囲
②責任分担
③委託方法
④委託期間、納期
⑤特約事項・免責事項
⑥損害賠償事項、守秘義務条項
⑦瑕疵担保責任（不具合時の責任）
⑧知的財産権の使用権等の権利の帰属
⑨再委託の可否条項

Q10. 委託した業務が問題なく実施されているかどうかを、どうやって確認するの？

A10. 委託元管理者は以下のことを確認しているよ。

委託元管理者の確認事項

①委託業務の実施内容が、契約内容と一致することを定期的に確認する。
②委託業務の実施内容を確認する。
③委託業務の実施内容が契約内容と異なる場合は、原因を分析し、契約内容と一致するよう改善措置をする。

Q11. 抽象的だね。具体的になにをやっているの？

A11. 委託元管理者は、委託先から定期的に業務報告書を受領し、実施状況を確認するよ。

委託元管理者の確認事項

①契約に基づき、必要な要求仕様、データ、資料等の提供
②委託先より業務報告書を定期的に受領
③業務報告書の内容の分析・評価、必要な対策の実施
④委託業務関連の事故等発生時、委託先に報告を求める
⑤サービスや成果物の検収
⑥委託業務終了後、提供したデータ・資料等の回収と廃棄の確認
⑦委託業務終了後、委託業務の結果の評価

Q12. サービスレベル管理ってなに？

A12. サービス（通信サービスやITサービスなど）の品質について、継続的に点検し、品質を維持・改善する取り組みを言うよ。

解説

例えばコールセンターサービス（電話応対業務など）の場合、コールセンターで応答されたコールの割合がサービスレベルになります。全コールを応答した場合は100%でサービスレベルは100。半分のコールを応答した場合は50%で、サービスレベルは50になります。

Q13. SLAってなに？

A13. サービスレベルの合意点をSLA（Service Level Agreementの頭文字）と言うよ。

解説

委託契約する場合は、委託先から提供を受けるサービスの品質を維持・評価するため、委託契約書にSLAに関する事項を明記します。システムの運用サービスを委託する場合は、運用時間・稼働率・障害発生率・障害対応時間などがあります。

Q14. 委託元管理者は委託先の SLA の達成状況をどうやって確認するの。

A14. 委託先から定期的に SLA の報告をしてもらい、その都度サービスレベルを確認するよ。

Q15. サービスレベル未達成時を考慮して、なにかやっているの？

A15. 代替手段の準備、具体的な対応方法、サービスレベル未達成時の契約解除条件などを決めておくよ。

サービスレベル管理

外部委託元管理者は、サービス品質を維持するために、外部委託契約時にSLA（Service Level Agreement：サービスレベル合意）の締結を検討すること。

<主旨>

委託先から提供を受けるサービスの品質を維持・評価するために、委託する業務内容に応じて、SLA条項を盛り込むことを検討する必要がある。

参照：経済産業省「システム管理基準」 Ⅶ-4. サービスレベル管理（SLM）

ここでは、プログラミングの説明・方法、その効果と人工知能（AI）に関する簡単な説明をします。

Q1. プログラミングってなに？

A1. コンピュータが理解できるプログラムを作ることをプログラミングと言うんだ。コンピュータにさせたい仕事を順番に書き出すことだよ。

解説

例えば、競技の順番が書かれた運動会のプログラムのように、コンピュータが理解できる言葉（プログラミング言語）で、処理する順番を書いたものをプログラムと言います。プログラミング言語には「スクラッチ（Scratch）」や「パイソン（Python）」、「C言語」などがあります。

Q2. コンピュータにやらせたいことをどうやって指示するの？

A2. プログラミング言語のルール（文法）に従ってプログラミングすればいいよ。

やらせたいこと
＜ゲームをつくる＞
①主人公を決める
②動作を指示する

プログラミングの例
＜言語の文法に従って記述する＞
①主人公のマンガを用意する
②・前に進めと指示する
　・手を伸ばせと指示する
　・欲しいモノをつかめと指示する

Q3. プログラミングを経験して、
　　良いことはあるの？

A3. できることが増え、生きがいをもって
　　楽しく生活する能力が身につくよ。

身につく力

①筋道を立てて考える力がつく。　②数学的な考え方が得意になる。
③問題点を洗い出す力がつく。　　④アイデアを実現する力がつく。
⑤自分から積極的に行動するようになる。

解説

筋道を立てて考える力がつく理由にプログラミングは、「自分がなにを作りたいのか」「なにをしたいのか」「コンピュータにどんなことをさせたいのか」を最初に設定します。この作業により、自分自身で目標を決める力、目標を達成する方法を考える力を身につけることができます。

Q4. 人工知能（AI）ってなに？

A4. 人工知能（AI）とは、人間の知能の
仕組みをまねして作った機械だよ。

解説

AI は英語の Artificial（人工）、Intelligence（知能）の頭文字をとって AI と言います。最近では AI 機能付きの掃除機が有名です。

AI にできること

AIは知識を蓄積したり、手順通りの作業をしたり、大量のデータから傾向を掴むことができます。AIは人間の知能の仕組みをまねしてコンピュータで実現するシステムです。しかし、人間ができることの全てはできません。今はまだ人間にしかできないことが多いのです。

【参考文献】

「システム管理基準」経済産業省(https://www.meti.go.jp/policy/netsecurity/downloadfiles/system_kanri_h30.pdf)

「システム監査基準」経済産業省

「令和元年版　情報通信白書」総務省

「小学校段階におけるプログラミング教育の在り方について(議論の取りまとめ)」
文部科学省／2016.6.16

「今年こそ始めるプログラミング──ゼロからわかる超入門」
週刊東洋経済／2020.1.18号

「プログラミング教育──子どもの才能を引き出す最高の学び」
石嶋洋平著、安藤昇監修／あさ出版／2018.7

「Scratch3.0ではじめるプログラミング」FOM出版／2019.8

「Pythonが5日でわかる本(基本編)」日経ソフトウエア2020年1月号付録冊子／日経BP

「情報システム監査実践マニュアル(第3版)」NPO法人日本システム監査人協会編／森北出版

「AI白書2020」独立行政法人情報処理推進機構・AI白書作業委員会編

〈著者紹介〉

小佐野市男（おさの　いちお）

【業務経験等】
情報システムの企画・開発・保守・運用に係る業務、技術コンサルタント〔技術士（情報工学、総合技術監理）〕、情報システムの監査（公認システム監査人）、個人情報保護管理業務（上級個人情報保護士）、システム監査実践セミナー講師（NPO日本システム監査人協会主催）、技術士試験突破対策講座　講師（NTT AT㈱主催）、地域自治会広報誌の企画編集

【所属学会等】
情報処理学会、システム監査学会、電子情報通信学会、日本技術士会、日本システム監査人協会、東京技術士会、NTT関係技術士の会

【経歴】
NTT移動体通信事業部システム開発部、㈱NTTドコモ研究開発部主幹技師、ドコモエンジニアリング㈱ソフトウェア開発部長、一般社団法人東京技術士会副会長

【共・著書】
「手にとるように通信ネットワークがわかる本」（かんき出版）、「技術士受験テクニックⅢ情報処理部門─傾向と対策─」（吉井書店）、「ITSSで自己スキル革命」（ソフト・リサーチ・センター）

情報システム超入門

2021年5月26日　第1刷発行

著　　　者　小佐野市男
発　行　人　久保田貴幸

発　行　元　株式会社 幻冬舎メディアコンサルティング
　　　　　　〒151-0051　東京都渋谷区千駄ヶ谷4-9-7
　　　　　　電話　03-5411-6440（編集）

発　売　元　株式会社 幻冬舎
　　　　　　〒151-0051　東京都渋谷区千駄ヶ谷4-9-7
　　　　　　電話　03-5411-6222（営業）

印刷・製本　中央精版印刷株式会社
装　　　丁　荒木香樹

検印廃止
©ICHIO OSANO, GENTOSHA MEDIA CONSULTING 2021
Printed in Japan
ISBN 978-4-344-93362-0 C0055
幻冬舎メディアコンサルティングHP
http://www.gentosha-mc.com/